Bibliografische Information der Deutschen Nationalbibliothek:

Die Deutsche Bibliothek verzeichnet diese Publikation in der Deutschen National-
bibliografie; detaillierte bibliografische Daten sind im Internet über http://dnb.d-
nb.de/ abrufbar.

Impressum:

Copyright © 2016 GRIN Verlag, Open Publishing GmbH
Druck und Bindung: Books on Demand GmbH, Norderstedt Germany
ISBN: 9783668410299

Dieses Buch bei GRIN:

http://www.grin.com/de/e-book/354753/strukturelle-typen-der-abgeleiteten-kausa-
tiven-verben-im-deutschen-und

Inna Stupak

Strukturelle Typen der abgeleiteten kausativen Verben im Deutschen und Ukrainischen

GRIN Verlag

GRIN - Your knowledge has value

Der GRIN Verlag publiziert seit 1998 wissenschaftliche Arbeiten von Studenten, Hochschullehrern und anderen Akademikern als eBook und gedrucktes Buch. Die Verlagswebsite www.grin.com ist die ideale Plattform zur Veröffentlichung von Hausarbeiten, Abschlussarbeiten, wissenschaftlichen Aufsätzen, Dissertationen und Fachbüchern.

Besuchen Sie uns im Internet:

http://www.grin.com/

http://www.facebook.com/grincom

http://www.twitter.com/grin_com

Strukturelle Typen der abgeleiteten kausativen Verben im Deutschen und Ukrainischen

Dr. habil., Prof. Inna Stupak, Odessa

Abstract

Structural types of the derived causative verbs in German and Ukrainian languages

The article is devoted to the contrastive study of the word-forming verb category of causation. The research is based on the theory of universal character of the lexical-semantic category of causation and its specific character. The hypothesis concerning common and divergent features of forming of derived causative verbs with the majority of allomorphic features caused by different word-forming systems of German and Ukrainian in general has been proved.

Keywords: derived causative verb, derivative word, word-forming meaning.

Inhaltsverzeichnis

Im Deutschen und Ukrainischen existieren keine speziellen regulären Derivationsmorpheme zur Bildung der abgeleiteten kausativen Verben (AKV). Trotzdem stellen AKV in beiden Sprachen einen beträchtlichen Anteil des verbalen Grundwortschatzes (5577 AKV im Deutschen, 5408 AKV im Ukrainischen).

In der vorliegenden Arbeit wurden die folgenden strukturellen Typen der abgeleiteten kausativen Verben in beiden Sprachen aufgezeichnet: affixlose, affixale und Komposita.

Affixlose Ableitungen

Zu den affixlosen Ableitungen gehören deverbale AKV, die durch Basisvokalswechsel und AKV, die durch Umsetzung einer anderen Basiswortart gebildet werden (Admoni 1960: 167; Barz 2005: 649; Comrie 1985: 345; Naumann 2000: 54). Man nennt solche Umsetzungen auch Konversion "Umsetzung in eine andere Wortart, ohne dass Affixe hinzutreten" (Barz 1997).

Affixlos abgeleitete kausative Verben wurden im Deutschen und Ukrainischen vom Basisverben (BV) aus betrachtet. Die Masse der Verben, die von einem anderen Verb abgeleitet sind, drückt kausative Relation aus. Die werden durch den Stammvokalwechsel der BV ausgebildet. Diese abgeleiteten kausativen Verben bestehen aus einer stark beschränkten Menge deutscher und ukrainischer Verben. "Der Stammvokalwechsel ist … ein unproduktives Verfahren" (Koo 1997: 62). In dieser Hinsicht stehen sich die beiden Sprachen am nächsten.

In der vorliegenden Arbeit sind folgende AKV als implizite deverbale Ableitungen aufgeführt: *dorren → dörren, fahren → führen, fallen → fällen, futtern → füttern, liegen → legen, milchen → melken, rucken → rücken, saugen → säugen, schwimmen → schwemmen, sinken → senken, sitzen → setzen, springen → sprenge, stehen → stellen, trinken → tränken, wachen → wecken, wallen → wällen.* Die angeführten AKV gehören der Klasse schwacher Verben an, die im Germanischen auf *–jan* ausging (Naumann 1986: 48; Olsen 1990: 136; Paul 1995: 28).

Auch für das Ukrainische gilt im Übrigen, dass es nur wenig Verben gibt, die sich von ihren nicht-kausativen BV morphologisch ableiten lassen. Aus den Wörterbüchern zusammengestellt sieht diese Gruppe wie folgt aus: *sydity* 'sitzen' → *sadžaty* 'setzen'; *stojaty* 'stehen' → *stavyty* 'stellen'; *vysity* 'hängen D.' → *višaty* 'hängen Akk.'; *pyty* 'trinken' → *poïty* 'tränken'.

Im Gegensatz zum Deutschen können in der Ukrainischen Sprache keine anderen Wortarten als Konversionsbasen vorkommen (Gorodenskaja 1975; Gorpinich 1998: 123; Kovalik 1979: 42).

Dennoch dienen im Deutschen die folgenden Wortarten als Motivationsbasis der AKV:

• **Substantiv**. Durch Konversion können AKV aus einfachen Basissubstantiven (BS) gebildet werden. Bei den desubstantivischen Verben wird das infinitivische *–en* nicht als Wortbildungssuffix verstanden, sondern es gehört zum Flexionsparadigma des Verbes: *Form → formen, der Mist → misten, das Öl → ölen, die Schminke → schminke, das Paar → paaren, der Schmerz → schmerzen, der Ekel → ekeln, das Wunder → wundern, die Fessel → fesseln, der Föhn → föhnen.*

Die Konversion bedingt in manchen Fällen eine lautliche Variation des Stammvokals *u → ü, a → ä, o → ö* oder Diphthongs *au → äu : die Luft → lüften, das Futter → füttern, der Gram → grämen, das Land → länden, der Kopf → köpfen, das Haut → häuten, der Staub → stäubern;*

• **Adjektiv**. Bei den deadjektivischen Verben wird das infinitivische *–en* nicht als Wortbildungssuffix verstanden, sondern es gehört zum Flexionsparadigma des Verbes: *heilig → heiligen, kühl → kühlen, leer → leeren, locker → lockern, rund → runden, steif → steifen, trocken → trocknen, würdig → würdigen.*

In manchen Fällen bedingt die Konversion eine lautliche Variation des Stammvokals *a → ä, o → ö* oder Diphthonges *au → äu: warm → wärmen, zahm → zähmen, rot → röten, tot → töten, braun → bräunen, sauer → säuern, lauter → läutern.*

Andere Wortarten können durchaus als Konversionsbasen vorkommen, aber im Vergleich zu den Nominalbasen sind sie selten. Bei der Materialsammlung wurden einzelne Beispiele des **Numerales** und **Adverbs** herausgestellt, die als Motivationsbasis der AKV dienen: *ein → einen, mehr → mehren.*

Im Deutschen sind also folgende vier Wortbildungsmodelle der Konversion zu unterscheiden:

S →V: *der Saft → saften*

A → V: *feucht → feuchten*

N → V: *ein → einen*

Ad → V: *mehr* → *mehren*.

Affixale Ableitungen

Zu den affixalen Ableitungen gehören AKV, die von Affixen (Präfixe, Suffixe oder Präfix-Suffixe) gebildet werden. In beiden Sprachen stellt dieser strukturelle Typ den größten Teil der AKV.

Durch Präfixe abgeleitete kausative Verben

Als Präfixverben betrachtet wurden in der Arbeit die AKV mit den gebundenen Präfixen *be-, ent-, er-, miss-, ver-, zer-,* als auch diejenigen mit den abtrennbaren Präfixen *ab-, an-, auf-, aus-, bei-, ein-, los-, nach-, vor-, zu-,* sowie solche, die teils trennbar, teils untrennbar sind: *durch-, über-, um-, unter-, wider- de.* Hinzu kommen die entlehnten Präfixe *des-, dis-, in-, re-* (Hess 2007: 46; Kühnhold 1973: 344; Marchand 1972).

Die folgenden Motivationsbasen kommen bei der präfixalen Bildung der AKV im Deutschen vor:

• **Verb**. Die MB der prafixalen AKV sind vorwiegend verbal. Präfixale AKV werden mit Hilfe der 24 Präfixen und Partikeln (*ver-, ab-, aus-, an-, ein-, auf-, be-, her-, hin-, ent-, vor-, er-, zer-, nieder-, durch-, zu-, unter-, um-, weg-, zurück-, nach-, bei-, über-, de-*) von BV abgeleitet: *führen* → *ver-führen, nähen* → *ab-nähen, betonieren* → *aus-betonieren, blasen* → *an-blasen, sprechen* → *ein-sprechen, kochen* → *auf-kochen, lichten* → *be-lichten, treiben* → *her-treiben, legen* → *hin-legen, reißen* → *ent-reißen, beugen* → *vor-beugen, zürnen* → *er-zürnen, knittern* → *zer-knittern, legen* → *nieder-legen, backen* → *durch-backen, neigen* → *zu-neigen, schieben* → *unter-schieben, rüsten* → *um-rüsten, kratzen* → *weg-kratzen, schrauben* → *zurück-schrauben, schicken* → *nach-schicken, mengen* → *bei-mengen, legen* → *über-legen, rangieren* → *de-rangieren;*

• **Substantiv**. Die Ableitung der AKV von Basissubstantiven erfolgt mit Hilfe von 13 Präfixen (*ver-, be-, ent-, aus-, ab-, ein-, auf-, zer-, um-, er-, an, über-, unter-*): *das Buch* → *ver-buchen, die Waffe* → *be-waffnen, das Kleid* → *ent-kleiden, der Gips* → *aus-gipsen, der Wert* → *ab-werten, das Gitter* → *ein-gittern, das Stempel* → *auf-stempeln, das Fetzen* → *zer-fetzen, die Schule* → *um-schulen, der Halfter* → *an-halftern, die Kruste* → *über-krusten, der Keller* → *unter-kellern.*

Umlaut der Basis wird durch Präfixe hingegen selten bewirkt, d.h. die Hinterzungevokale *a, u* und der Diphthong *au* können dann als *ä, ü, äu* erscheinen: *die Farbe* → *ab-färben, das Futter* → *über-füttern, der Zaun* → *ein-zäunen;*

5

• **Adjektiv.** Bei der Bildung der AKV von Adjektiven wirken 12 Präfixe mit (*ver-*, *er-*, *ab-*, *be-*, *ein-*, *auf-*, *durch-*, *aus-*, *an-*, *über-*, *ent-*, *zer-*): *teuer* → *ver-teuern, hell* → *er-hellen, rund* → *ab-runden, frei* → *be-freien, feucht* → *ein-feuchten, locker* → *auf-lockern, süß* → *durch-süßen, kühl* → *aus-kühlen, spitz* → *an-spitzen, taub* → *über-täuben, leer* → *ent-leeren, mürbe* → *zer-mürben.*

In manchen Fällen bedingt die präfixale Ableitung von Basisadjektiven (BA) eine lautliche Variation des Stammvokals *a* → *ä, u* → *ü* oder des Diphthongs *au* → *äu*: *hart* → *ver-härten, jung* → *ver-jüngen, sauer* → *an-säuern;*

Neben den mehr oder weniger produktiven MB gibt es auch noch selten genutzte AKV, die von Numeralien und Adverbien abgeleitet sind.

• **Numerale.** In Einzelfällen erfolgt die Bildung der AKV von Numeralien mit Hilfe des Präfixes *ver-*: *ein* → *ver-einen, dreifach* → *ver-dreifachen, vierfach* → *ver-vierfachen;*

• **Adverb.** Bei der Materialsammlung kommt ein einziges AKV vor, das vom Adverb ableitet wird: *mehr* → *ver-mehren.*

Was die Präfixverben im Ukrainischen angeht, unterscheidet man folgende Präfixe: *v- (vi-) / u- (uvi-), vy-, vid- (vidi-) / od- (odi-), do- (di-), za-, z- (iz-, zi-, izi-, zo-) / s- (is-), na-, nad- (nadi-), o-/ob- (obi-), pere-, pered-, pid- (pidi-), po- /pi-, pry-, pro-, roz- (rozi-), zne-, nedo-, obez-* sowie entlehnte Präfixe *de-/dez-, dys-, re-* (Kovalik 1979: 245).

Eine Besonderheit der Präfigierung im Ukrainischen besteht darin, dass das Präfix nicht dem Stamm abgeschlossen wird, sondern dem grammatisch ausgestatteten Wort; das bedeutet, dass präfixale Ableitungen zu derselben Wortart wie die MB gehören. Deshalb ist die Präfigierung im Ukrainischen nur für Verbalbildungen möglich (Kovalik 1979: 143).

Durch Suffixe abgeleitete kausative Verben

Neben der vielgenutzten Möglichkeit, den Bestand der AKV mit Präfixen bzw. Präfixoiden zu erweitern, gibt es – in geringerem Umfang – auch die Ableitung durch Suffixe. In der vorliegenden Arbeit werden folgende Formantien (*-l-, -el-, -ig-, -er-, -ier-, -isier-, -ifizier-*), die zwischen (*-en*) und die Basis treten, als Suffixe begriffen (Mater 1967: 120; Olsen 1986: 5; Reis 1983: 121).

In der ukrainischen Sprache gibt es solche Suffixe wie *-uva- (-juva-), -izuva- (-izuva-), -i-, -a-(-ja-), -(i)fikuva-* (Gorpinich1998: 103; Kovalik 1979: 174-175).

Im Deutschen unterscheidet man drei Wortarten der MB bei der Suffixableitung der AKV:

• **Substantiv.** Der größte Teil der Suffixableitungen hat eine substantivische Basis (67,6%). Denominale AKV werden anhand von 7 Suffixen abgeleitet (*-ier-, -isier-, -izier, -ifizier-, -el-, -ig-, -er-*): *der Marmor → marmor-ier-en, der Computer → computer-isier-en, die Klasse → klass-ifizier-en, das Syndikat → synd-izier-en, das Stück → stück-el-n, die Pein → pein-ig-en, die Asche → äsch-er-n.*

Bei der Suffixableitung beobachtet man Probleme der Formvarianz, die sich vor allem bei fremdwörtlichen BS ergeben, die auf *-tion, -ent, -er, -el, -at, -um, -ik, -a, -i, -un, -ion, -ut, -all, -schaft, -on* enden: *die Inkrustration → inkrust-ier-en, das Register → registr-ier-en, das Zentrum (Mittelpunkt) → zentr-ier-en, die Propaganda → propagand-ier-en.*

• **Verb.** Die Suffixableitung aus Verben ist hingegen im Bereiche der heute gesprochenen und geschriebenen deutschen Standardsprache kaum noch als produktive Möglichkeit zu nennen.

Von den Bildungen dieses Typus sind KV noch die wichtigsten. Neubildungen nach dem Bewirkungsmuster entstehen aber nicht mehr (vgl. Erben 1963: 113).

Neben einer Anzahl von Ableitungen (131) gibt es 40 AKV mit Suffixen *-el, -er:* *krausen → kräus-el-n, rütten → rütt-el-n, wacken → wack-el-n, steigen → steig-er-n, schlafen → schläf-er-n.*

• **Adjektiv.** Nur ein Sechstel aller suffixalen AKV hat eine adjektivische Basis. Die Ableitung Präfixlöser AKV aus BA erfolgt durch drei Suffixe *-isier-, -ier-, -ig-: neutral → neutral-isier-en, - aktiv → aktiv-ier-en, rein → rein-ig-en.* Ihre Bildung aus fremdwörtlichen BA auf *-isch, -ell, -all,* erfolgt indem man an die Stelle von *-isch, -ell, -al* das Lehnsuffix *-ier-, -isier-* einsetzt: *optimal → optim-ier-en, amerikanisch → amerikan-isier-en, ideologisch → ideolog-isier-en.*

Was die Suffixableitung der AKV im Ukrainischen angeht, unterscheidet man folgende Wortarten der MB:

• **Substantiv.** Der größte Teil der AKV, die durch Suffixe abgeleitet sind, hat BS. AKV werden durch fünf Suffixe *(-uva- (-juva-), -izuva- (-yzuva-), -y-, -a-(-ja-), -(y)fikuva-)* abgeleitet: *koks → koks-uva-ty, otruta → otru-juva-ty, pudra → pudr-y-ty, strach → strach-a-ty, hospital' → hospital-izuva-ty, kibernetyka → kibernet-yzuva-ty, haz → haz-yfikuva-ty.*

Bei der Ableitung suffixaler AKV beobachtet man folgende phonomorphologische Variationen:

a) Abkürzung der fremdwörtlichen BS auf *-acija, -at, -ija* (Gorodenskaja 1975:10; Kovalyk 1979: 234)*: informacija → informant-yzuva-ty, delehat → deleh-uva-ty;*

b) Lautwechsel der BS *k → č, h → ž, s → š, ch → š: muka → muč-y-ty; utjuh → utjuž-y-ty, spokusa → spokuš-a-ty, motloch → motloš-y-ty;*

c) Lautwechsel der palatalisierten und harten Konsonanten: *kanifol″ → kanifol-y-ty, latun″ → latun-uva-ty;*

• **Adjektiv.** Eine ganze Reihe von Suffixableitungen aus BA auf *-y-, -izuva-/-yzuva, -yfikuva-* ist im heutigen Ukrainischen gebräuchlich: *tupyj → tup-y-ty, universal'nyj → universal-izuva-ty, intensyvnyj → intens-yfikuva-ty.*

Zur suffixalen Ableitung von AKV aus BA werden meistens folgende phonomorphologische Variationen verwendet:

a) Abkürzung der fremdwörtlichen BA auf *-n, -l'n, -čn* und der slawischen BA mit dem Suffix *-k-: aktyvnyj → aktyv-izuva-ty, steryl'nyj → steryl-izuva-ty, solodkyj → solod-y-ty;*

b) Lautwechsel der BS: *k → š, ch → š, h → ž: puchkyj → puš-y-ty, suchyj → suš-y-ty, volohyj → volož-y-ty;*

c) Lautwechsel der palatalisierten und harten Konsonanten: *vuz″kyj → vuz-y-ty, syn'ij → syn-y-ty;*

• **Verb.** Der Anteil von Verbableitungen aus Verben durch Suffixe ist im heutigen Ukrainischen gering. Zu suffixalen AKV gehören Lehnverben, die mit Hilfe der Suffixe *-uva- ,-iruva-(-yruva-), -izuva- (-yzuva-)* abgeleitet sind. Es wird angenommen, dass das AKV *drapiruvaty* aus dem Deutschen (*drapieren*) und das AKV *kondensuvaty* aus Lateinischen (*condēnsāre*) entlehnt wurden.

• **Numerale.** Die Verbbildung mit Suffixen *-y- (-ï-), -uva-* aus Numerale ist kaum produktiv: ukr: *dvoje → dvo-ï-ty, troje → tro-ï-ty, desjatero → desjatyr-y-ty, četvertyj → četvert-uva-ty;*

• **Adverb.** Bei der Materialsammlung wurde nur ein Beispiel einer suffixalen Bildung eines AKV aus einem Adverb gefunden: ukr: *mnoho → množ-y-ty.*

• **Interjektion.** In der vorliegenden Arbeit gibt es einzelne Bildungen von Interjektionen durch das Suffix *-ï-:* ukr: *svij → zasvo-ï-ty.*

Im Deutschen geht die Suffixableitung nur von drei Wortarten (BS → AKV, BV → AKV, BA → AKV) der MB aus, während im Ukrainischen sechs Wortarten der MB (BS → AKV, BA → AKV, BV → AKV, BN → AKV, BAd → AKV, BI → AKV) dem Ausbau der AKV dienen.

Kombinatorische Ableitungen

Kombinatorische Ableitung durch Präfix + Suffix. Neben der Präfigierung und reinen Suffixableitung vorgegebener AKV gibt es in beiden Sprachen die kombinatorische Ableitung durch Präfix + Suffix aus nominalen Basen. Als Basis dienen im Deutschen:

• **Substantiv.** Im System der AKV ist die kombinatorische Ableitung durch Präfix + Suffix aus BS eine Randerscheinung. Sie sind durch *ab- + -ier-, be- + -ig-, de- + -ier-(-isier-), ein- + -er-, ex- + -ier-, re- + -ier-(-isier-), ver- + -ig-* abgeleitet: *die Qualifikation (die Qualifizierung) → ab-qualifiz-ier-en, die Kost → be-köst-ig-en, der Grad → de-grad-ier-en, der Schlaf → ein-schläf-er-n, die Matrikel → ex-matrikul-ier-en, die Angst → ver-änst-ig-en.*

Bei der Bildung AKV aus BS beobachtet man den Umlaut der Stammvokale *a → ä; o → ö: die Asche → ein-äsch-er-n, die Vollmacht → be-vollmächt-ig-en.*

• **Adjektiv.** Die Anzahl der deadjektivischen AKV, die durch die kombinatorische Ableitung durch Präfix + Suffix abgeleitet sind, ist sehr gering: *klein → zer-klein-er-n, neu → er-neu-er-n, sanft → be-sänft-ig-en.*

Die Möglichkeiten zur Bildung der AKV werden im Folgenden der Behandlung der deutschen AKV entsprechend nach der Wortart der MB gruppiert:

• **Substantiv.** Der größte Teil der suffixal-präfixalen AKV hat eine substantivische Basis. Sie sind von BS durch Kombinationen wie *zne-+-y-(-ï-), obez-+-y-(-ï-), roz- +-y-(-uva-), pry- + -y-, pere- + -uva-, vid- + -y-, de- +-izuva-(-yzuva-), re-+ -izuva-(-yzuva-)* abgeleitet: *bil' → zne-bol-y-ty, pyl → obez-pyl-y-ty, tryvoha → roz-tryvož-y-ty, zemlja → pry-zeml-y-ty, baza → pere-baz-uva-ty, par → vid-par-y-ty, mobilizacija → de-mobiliz-uva-ty, struktura → re-struktur-izuva-ty.*

Bei der Ableitung der AKV aus BS kommen folgende phonomorphologische Variationen vor:

a)   Lautwechsel *k → č, h → ž, ch → š: muka → po-muč-y-ty; tryvoha → roz-tryvož-y-ty; poroch → pry-poroš-y-ty;*

b)   Lautwechsel bei palatalisierten und harten Konsonanten: *zeml'ja* → *u-zeml-y-ty, čest''* → *zbez-čest-y-ty.*

Außer den angeführten phonomorphologischen Variationen findet sich auch die Verkürzung des fremdwörtlichen BS auf *-acija: evakuacija* → *re-evaku-juva-ty, restavracija* → *vid-restavr-uva-ty.*

• **Adjektiv.** Die kombinatorische Ableitung durch Präfix + Suffix aus BA ist produktiv: *hirkyj* → *na-hirč-y-ty, žovtyj* → *vy-žovt-y-ty, chorošyj* → *pry-choroš-y-ty, molodyj* → *vid-molod-y-ty, menšyj* → *po-menš-y-ty, blahorodnyj* → *o-blahorodž-uva-ty, pokirnyj* → *u-pokor-juva-ty.*

Bei der Ableitung der AKV aus BA kommt es zum Lautwechsel *h* → *ž: volohyj* → *z-volož-y-ty, dovhyj* → *vy-dovž-y-ty* und zur Verkürzung der BA auf *-n-: zvyčajnyj* → *u-zvyča-ï-ty, bezbarvnyj* → *o-bezbarv-y-ty;*

• **Adverb.** Daneben gibt es sechs AKV, die aus BA abgeleitet sind: *povsjudy* → *roz-povsjud-y-ty, mnoho* → *na-množ-y-ty, po-množ-y-ty, pry-množ-yt-y, roz-množ-y-ty, u-množ-y-ty;*

• **Numerale.** In geringem Umfang sind auch Numerale als MB der AKV beteiligt: *dvoje* → *po-dvo-ï-ty, z-dvo-ï-ty, dvoje* → *roz-dvo-ï-ty, troje* → *po-tro-ï-ty, četvertyj* → *po-četver-y-ty, desjatero* → *po-desjater-y-ty;*

• **Interjektion.** Bildungen mit Interjektion sind allgemein gesprochen unproduktiv. Einzelne Bildungen lassen sich dennoch hier anführen: *cyt'* → *za-cyt'k-uva-ty, nu* → *po-nuk-a-ty, kos'-kos'* → *u-kos'k-a-ty, v-kos'k-a-ty;*

• **Pronomen.** An die Stelle der motivierten Basis kann in drei Fällen ein Pronomen treten: *svij* → *za-svo-ï-ty, o-svo-ï-ty, pry-svo-ï-ty.*

Komposita

Der Kompositatyp findet sich nur im System der deutschen AKV. Die Stellung der Komposition bei der Erweiterung der Ausdrucksmöglichkeiten ist beim deutschen Verb wesentlich schwächer als bei den nominalen Wortarten (Barz 2005: 719). Nach der Wortart des Erstglieds werden die verbalen Komposita traditionell in folgende Typen eingeordnet: V+V, S+V, A+V. Außer diesen drei Typen der Komposita gelten für Mater (2007: 98) auch die pronominalen Adverbien *da(r), her, hin* (in den verschiedensten Kombinationen), die adverbialen Elemente *dort, empor, fort, hoch, heim, weg, zurück* und die Zahlwörter *zwei, drei, vier* als Erstglieder der Zusammensetzungen.

10

An die Vorstellung des jeweiligen Bildungstyps schließen wir die neuen Regeln der deutschen Rechtsschreibung an, die die Aufmerksamkeit auf die strittigen Grenzfälle zwischen Wortbildung und Syntax richten. In der vorliegenden Untersuchung der AKV wurden folgende Typen der Komposita unterschieden:

- **Adverbien + Verb**. Bei den Bildungen des Typs Ad + V handelt es sich um Komposita, bei denen die pronominalen Adverbien oder adverbialen Elemente als Erstglieder fungieren (Grimm 1967: 811; Mater 2007: 99). Mit Hilfe dieser Elemente ergibt sich die Möglichkeit, Verben eine Bedeutungskomponente der Richtung zu verleihen, die diese als Simplex nicht haben: *hinaus + heben → hinausheben, heraus + hängen → heraushängen, herunter + bringen → herunterbringen, hinauf +führen → hinaufführen, herein + stecken → hereinstecken, herüber +schicken → herüberschicken, heim +führen → heimführen;*

- **Adjektiv + Verb**. Als eine weitere Möglichkeit der A+V-Komposition unterscheidet man zwei Fälle. Die morphologische Struktur und der Wortstatus der untrennbar gebrauchten Kombinationen (z.B. *freipressen, langweilen, vollbringen*) lässt sich nicht bestreiten. Im Gegensatz zu den untrennbaren Kombinationen kann die morphologische Verbindungsstruktur der bisher als Komposita betrachteten trennbaren Kombinationen in Frage gestellt werden. Ihre aktuellen orthographischen Richtlinien variieren zwischen den Resultativkonstruktionen und den metaphorischen, idiomatischen Verbindungen (Deutsche Rechtschreibung 2006). Doch bringen Getrenntschreibung und A+V-Komposition semantische Differenzierung zum Ausdruck: *Er wird frei stellen – Es wird dir freistellen.* AKV-Komposita *freistellen* drückt aus, dass auf ein Objekt eingewirkt wird, das die die durch das Adjektiv bezeichnete Eigenschaft erhält.

In der vorliegenden Untersuchung wurden folgenden A+V-Komposition als AKV gezählt: *trocken + reiben → trockenreiben, los + schlagen → losschlagen, frei + pressen → freipressen, gleich + richten → gleichrichten (Elektrot.), wach + rufen → wachrufen, tot + quälen → totquälen;*

- **Numerale + Verb**. Zahlwörter begegnen in verbalen Zusammensetzungen selten. Als Erstglieder können solche Grundzahlwörter wie *zwei, drei, vier* und das Ordnungszahlwort *dritte* dienen: *zweiteilen, dreiteilen, vierteilen, dritteilen.*

Zusammenfassende Gegenüberstellung

Die folgende Tabelle (1) fasst die diskutierten Gemeinsamkeiten und Unterschiede zusammen. Während sich die wesentlichen AKV-Bildungsmechanismen größtenteils überlappen, lassen sich Unterschiede in ihrer Produktivität feststellen.

Unter rein formalen Aspekten unterscheiden sich die deutschen und ukrainischen Wortbildungsmöglichkeiten der AKV nicht: in beiden Sprachen dienen sie nicht den morphologischen, sondern den syntaktischen und semantischen Ableitungsverhältnissen.

Die Unterschiede zwischen der Bildung der AKV im Deutschen und Ukrainischen betreffen die Anzahl der MB, der strukturellen Typen, der Wortbildungsarten und ihre jeweilige Produktivität.

Im Deutschen werden AKV aus 5 MB nachfolgendem Schema abgeleitet: S →V, V→V, A→V, N→V. Im Gegensatz zum Deutschen werden ukrainische AKV aus 7 MB abgeleitet: S → V, V→V, A→V, N→V, P→V, I→V. Eine Ähnlichkeit existiert wiederum insofern, als dass in beiden Sprachen nur drei Wortarten als dominierende MB in Erscheinung treten: Substantiv, Verb und Adjektiv.

Was die strukturellen Typen der AKV angeht, so werden deutsche AKV in drei Typen – affixallose, affixale und Komposita – eingeteilt. Im Deutschen sind affixale AKV der dominierende Typ, aber im Ukrainischen sind affixale AKV der einzig mögliche strukturelle Typ. Das hängt damit zusammen, dass im gegenwärtigen Ukrainischen nur durch affixale Wortbildungsmittel, die sich mit MB verbinden lassen neue Verben abgeleitet werden können.

Im Deutschen können AKV durch folgende Wortbildungsarten abgeleitet werden: Konversion, Suffigierung, Präfigierung, Präfix + Suffix und Komposition. Was die ukrainischen AKV betrifft, werden sie durch drei Wortbildungsarten abgeleitet – Suffigierung, Präfigierung und Präfix + Suffix.

Was das unterschiedliche Auftreten der Wortbildungsarten angeht, ist im Deutschen die Präfigierung die primäre Wortbildungsart der AKV; im Ukrainischen ist es die kombinatorische Ableitung durch Präfix + Suffix. An zweiter Stelle in Hinblick auf ihre Produktivität steht in beiden Sprachen die Suffixableitung.

Dass die Präfigierung im Deutschen die am häufigsten genutzte Wortbildungsart bei der Ableitung der AKV ist, erklärt sich durch wortbildende Funktion der Präfixe. Im Ukrainischen erfüllen Präfixe sowohl Wortbildende- als auch Aspektfunktion, was zu einer geringeren Anzahl an präfixalen AKV führt.

Im Ukrainischen dient die kombinatorische Ableitung durch Präfix + Suffix als primäre Wortbildungsart der AKV, weil sie die Bildung der AKV aus verschiedenen MB ermöglicht.

Die Ergebnisse des Versuchs einer Ableitung der AKV zeigen die großen Differenzen zwischen der Wortbildung deutscher und ukrainischer AKV. Diese Unterschiede folgen aus den Besonderheiten des wortbildenden Systems der verglichenen Sprachen.

MB	Strukturelle Typen der AKV und ihre Bildungsmittel									
	Affixlose AKV		Affixale AKV						Komposita	
			Präfix +MB		MB+Suffix		Präfix+MB+Suffix			
	dt.	ukr.	dt.	ukr.	dt.	ukr.	dt.	ukr.	dt.	ukr.
Verb	25 0,4%	-	1696 30,4%	1493 27,6%	131 2,3%	84 1,6%	-	272 5,0%	189 3,4%	-
Substantiv	416 7,5%	-	1826 32,7%	-	514 9,2%	1154 21,3%	173 3,1%	1667 30,8%	-	-
Adjektiv	86 1,5%	-	374 6,7%	-	115 2,1%	239 4,4%	18 0,3%	365 6,7%	-	-
Adverb	1 0,02%	-	1 0,02%	-	-	-	-	5 0,1%	-	-
Numerale	2 0,04%	-	8 0,1%	-	-	4 0,1%	-	7 0,1%	-	-
Pronomen	-	-	-	-	-	-	-	2 0,01%	-	-
Interjektion	-	-	-	-	-	1 0,01%	-	3 0,1%	-	-
Zusammen	**530 9,5%**	-	**3907 70,1%**	**1493 27,6%**	**760 13,6%**	**1529 27,4%**	**191 3,4%**	**2385 42,9%**	**189 3,4%**	-

Tabelle (1): Bildung der AKV im Deutschen und Ukrainischen

Literaturverzeichnis

Admoni, Wladimir (1960): *Der deutsche Sprachbau*, Leningrad.

Barz, Irmhild (2005): „Die Wortbildung", in: *Duden*. Die Grammatik 7. Duden Band 4, S. 641-772.

Comrie, Bernard (1985): "Causative verb-formation and other verb-deriving morphology", in: *Language typology and syntactic description*, 3, S. 301-348.

Erben, Johannes (1993): „Einführung in die deutsche Wortbildungslehre", in: *Grundlagen der Germanistik*, 17.

Gorodenskaja K.G. (1975): *Morfologicheskaja struktura otymennyh glagolov v sovremennom ukrainskom jazyke*, Kiew.

Gorpinich V.O. (1998): *Ukraïns'ka slovotvirna derivatologija*, Dnipropetrovs'k.

Grimm, Jacob (1967): *Deutsche Grammatik* II, Berlin, Hildesheim, S. 786 -901.

Hess, Katrin (2007): „Verb und Direktivum. Ein Beitrag zum Deutsch-Spanischen und Spanisch-Deutschen Sprachvergleich", in: *Bonner Romanische Arbeiten*, 97.

Koo, Myung-Chul (1997): *Kausativ und Passiv im Deutschen*, Frankfurt am Main u.a.

Kovalik I. I. (1979): *Slovotvir suchasnoï ukraïns'koï movi*, Kiew.

Kühnhold, Ingeburg (1973): „Präfixverben", in: *Deutsche Wortbildung*. Erster Hauptteil: Das Verb. – Sprache der Gegenwart, 29, S. 341-375.

Marchand, Hans (1972): „Die Präpartikelverben im Deutschen: echte Präfixbildungen, synthetische Präfixbildungen, pseudo-präfixale Bildungen", in: *Studies in Syntax and Word-Formation*, S. 423- 439.

Mater, Erich (2007): *Gesamtverzeichnis deutscher Verben der Gegenwartssprache*, Frankfurt am Main.

Naumann, Bernd (2000): „Einführung in die Wortbildungslehre des Deutschen", in: *Germanische Arbeitshefte*, 4.

Olsen, Susan (1990): „Zur Suffigierung und Präfigierung im verbalen Bereich des Deutschen", in: *Papiere zur Linguistik*, 42, S.31-48.

Paul, Hermann (1995): *Wortbildungslehre*, Halle an der Saale.

Reis, Marga (1983): „Gegen die Kompositionstheorie der Affigierung", in: ZfS, 2, S. 110-131.

Stupak, Inna V. (2011): *Semantiko-sintaksichnij analiz pohidnih kauzativnih diesliv u nimec'kij ta ukraïns'kij movah*, Donec'k.

BEI GRIN MACHT SICH IHR
WISSEN BEZAHLT

- Wir veröffentlichen Ihre Hausarbeit,
  Bachelor- und Masterarbeit

- Ihr eigenes eBook und Buch -
  weltweit in allen wichtigen Shops

- Verdienen Sie an jedem Verkauf

Jetzt bei www.GRIN.com hochladen
und kostenlos publizieren